꽃은 레몬보다 달게 기억된다

너는 눈처럼 내린다
낮게 피는 꽃

송용배 시집

도서출판 실천

꽃은 레몬보다 달게 기억된다

실천 현대시선 109

초판 1쇄 인쇄 | 2025년 9월 20일
초판 1쇄 발행 | 2025년 10월 1일

지 은 이 | 송용배
발 행 인 | 이어산
기 획·제 작 | 이어산
발 행 처 | 도서출판 실천
등 록 번 호 | 서울 종로 바00196호   등록일자 | 2018년 7월 13일
          | 진주 제2021-000009호 등록일자 | 2021년 3월 19일
서울사무실 | 서울특별시 종로구 율곡로 6길 36
          02)766-4580, 010-6687-4580
본사사무실 | 경남 진주시 동부로 169번길 12. 윙스타워지식산업센터 A동 705호
          055)763-2245, 010-3945-2245 팩스 055)762-0124
편 집·인 쇄 | 도서출판 실천
편 집 장 | 김성진

ISBN

값 12,000원

* 본 시집의 구성 및 맞춤법, 띄어쓰기는 저자의 의도에 따랐습니다.
* 이 책은 전부 또는 일부 내용을 재사용하려면 저작권자와 '도서출판 실천'의 동의를 받아야 합니다.
* 이 책의 국립중앙도서관 출판예정도서목록(CIP)은 서지정보유통지원시스템(http://seoji.nl.go.kr)과 국가자료종합목록시스템(http://www.nl.go.kr/kolisnet)에서 이용하실 수 있습니다.
* 잘못된 책은 교환해드립니다.

꽃은 레몬보다 달게 기억된다

너는 눈처럼 내린다
낮게 피는 꽃

송용배 시집

■ 시인의 말

사랑은 밑으로 간다
버티고, 견디다
끝내는 가장 위에서 핀다

레몬보다 달게 익힌
이 말
이제 당신에게 건넵니다

2025년 가을
송용배

■ 차례

1부
봄의 구두점

고비 가는 길	13
국밥 한 그릇	14
귀	17
기울어진 비계	19
레몬	20
모아레	21
밑동의 힘	23
바람도 늙을까	24
봄의 구두점	26
식탁엔 사과	28
여섯 장의 유서	30
입의 정치학	32
파과	34
폴리스라인	36
해동 되지 않은 여름	38
해묵은 의자	40

2부
낡은 실밥 여행

낡은 실밥 여행	45
낮게 피는 꽃	46
너는 눈처럼 내린다	47
네가 있었다	49
다섯 걸음	51
담장 밖에	54
문턱의 고양이	56
붉게 피는 꽃	58
빈 기억	60
세 번째 가을	62
순이 규방	66
실뿌리	68
안으로 자라는 가시	69
어쩌라고	71
점선 밖의 오후	72
창살 너머의 말	74
허수의 겨울	76

3부
봄의 흉터

까치밥	81
물때	83
봄의 버퍼링	85
봄의 흉터	87
빈 참호	89
빨랫줄	91
스무 개의 화분	92
아그배꽃	94
여름산에 그리는 겨울	95
여름을 포장 중	97
오월의 목덜미	100
웃음꽃	101
접힌 날	102
천 번째 새벽	104
첫 꽃잎 피는 소리	106
홑겹의 삼월	108
황도	109

4부

낯달 지우기

가만히 오는 봄 112
낯달 지우기 114
낯선 조명 116
반쪽 118
빛의 흉터 120
사탕먹기 122
삼팔선 124
소백산 고사목 126
안개 입술 127
어머니 식탁 128
울타리 너머 130
원두 굽는 여자 132
지울 수 없는 새벽 134
청소 중입니다 136
틈 138
하관 140

해설 141

1부

봄의 구두점

고비 가는 길

고비를 간다
바다는 없다
그러나 달은 바다로 진다
마른 뼈 같은 아침
골짜기 하나가 심장보다 깊게 패인다
갈라진 생각에 인공호흡기를 꽂고
누군가의 걸음을 빌려 걷는다
모래 위에 쓰고 지우는
이름 하나
바람이 읽어주지 않는 편지처럼
모래알마다 별이 스미는 사막을 지난다
끝내
내 발을 묻는다
거기, 나의 바다

국밥 한 그릇

저녁 허기에 스며드는
국밥 냄새

허리 굽은 주인장이
국물을 퍼 담는다

뜨거운 김이
신분증을 녹인다
흐릿한 생년월일

숟가락이 건져 올린 건
고기 한 점이 아니라
첫 입사 동기와 피우던 담배 냄새
첫 보너스로 산 아내의 화장품
야근길 지하철 손잡이의 무게

국물 속 파뿌리가
넥타이처럼 엉켜있다

삼십 년 매일 아침
목을 조여오던

주인장이 묻는다
더 드릴까요?
무엇을 더 줄 수 있을까
이미 텅 빈 사람에게

그릇 바닥에 비친 얼굴
모르는 사람이다
국밥 김에 흐려진
오십구 년의 안개 속

주린 건 배가 아니라
아직 가보지 못한 길
빈 달력을 채워갈 나이가
국물처럼 식어간다

오늘도
뜨겁게 한 그릇 말아먹는다
숟가락이 나를 뜬다
국밥이 나를 먹는다

귀

내 귀에 네가 없듯
네 귀엔 내 귀도 없겠지
그저 붙어 있어
귀라 부르니까
귀가 되었을 뿐

너에게로 닿지 못한 언어
자꾸 역류하고
다른 곳으로 새어 나가지만
소리가 다른 데
그게 무슨 의미가 있겠니

가청권 밖에서 요동치는
벙어리 종소리
붉은 혀와 푸른 혀가
뒤엉켜 서로를 물어뜯는 동안
우리 귀는 울음을 놓친다

침묵이 침묵을 삼키는 소리

들리지 않는 것들만
선명해지는 시간

실없이 깔깔 달아나는
귓속의 메아리
끈적하게 질척거린다
말라붙어 딱지가 된다

쇼윈도 속 귀들이
무력한 조각상처럼
나란히 진열돼 있다
순댓국처럼
푹푹 삶아지고 있다

듣는다는 것은
끝내 듣지 못한다는 것

왜냐고

기울어진 비계

　어느 날, 아버지 등이 기울어진 비계처럼
간신히 서 있었다

　오랜 세월, 벽돌처럼 쌓아올린 일상이 파이프
연결핀 하나 빠진 발판처럼
　삽시간에 흔들리다 등뼈째 뽑혀나갔다

　그래도 아버지는 쓰러진 철골 사이를 뚫고
시멘트 먼지처럼 뿌연 새벽길을
　무릎으로 기어올랐다

　녹슨 볼트 하나로
　비계 전체를 붙들듯
　아버진 기울어진 비계의 마지막 볼트가 되어
　서 있었다

레몬

레몬 한 쪽을 살짝 문다
혀끝이 먼저 움찔한다

눈가로 퍼지는 신맛
볼 안쪽이 저릿이 오므라들고

그 짧은 떨림 속에서
노란 색즙 한 방울
통통, 비명처럼
목구멍에 머문다

사랑은
너를 부르다
혀 끝에 닿은
신맛의 전율

이제 네 이름이
레몬보다 달다

모아레*

겹과 겹이 어긋날 때
보이지 않던 네가 떠오른다
빛은 서로를 삼키며 무늬가 되고
마음은 겹칠수록 갈라진다

가까이 가면 너는
수천 개의 간섭이 일어나 흐릿해진다
한 걸음 물러서야 비로소 너라는 패턴이 완성된다

창을 열었다 닫아도 각도를 비틀고 초점을 흐려도
엇갈린 너는 끝내 맞춰지지 않는다

숨소리마저 파동이 되어
왼쪽 눈에선 네가 울고
오른쪽 눈에선 네가 웃는다

  못 박힌 듯 고정된 주파수 투명한 격자 사이로
너의 잔상이 떨린다

  아무리 눌러도 열리지 않는 문
  헝클어진 빛의 주름 위에
  너와 나의 패턴이
  무한히 증폭된다

  *모아레(Moiré): 두 개 이상의 평행하거나 촘촘한 무늬가 겹쳐질 때, 원래 무늬와는 다른 새로운 물결이나 줄무늬 패턴이 나타나는 시각적 현상.(네이버 사전)

밑동의 힘

 당신이 쓰러진 날 내 손에 묻은 것은 톱밥이 아니라 투명한 깨진 거울처럼 차가운 수액이었다 삼십 번째 나이테를 세다가 멈췄다 그해 여름도 가뭄이 심했다 당신의 갈라진 손끝이 기억하는 매듭마다 송진이 호박처럼 굳어갔다

 잘린 밑동에서 무언가 솟구친다 죽음을 거름 삼아 제 뿌리를 더 깊이 감싼다 한겨울 벽난로, 당신이 던진 장작이 제 몸을 연다 재가 되어서도 서로를 붙들고 마지막 숨까지 함께 불타오른다

 빈 그루터기는 의자가 되고 지나가던 빗방울이 잠시 쉬어간다 그 작은 웅덩이에 내일의 씨앗 하나 잠긴다

 지하 깊은 곳 아무도 모르는 실뿌리 하나가 여전히 물을 당긴다 죽은 줄 알았던 당신이 계절을 속이고 돌아온다

바람도 늙을까

확성기 소리가
옛 군가처럼 가슴을 두드린다

보도블록 틈새로 스며드는
반공의 숨결
그들이 돌아왔다

군장처럼 둘러맨 깃발은
총열보다 곧고 단단하다
태극과 성조기를 함께 흔들어
오래전 화약 냄새를 일깨운다

광장의 함성은 포연처럼 뜨겁고
물러서지 않았던 전선의 젊은 날이
노년의 가슴에 다시 불씨를 지핀다

바람에 바랜 사진 한 장
총구 앞에서 웃던 전우들

그날의 노을이
오늘 전사의 발목을 붙든다

바람은 두 방향에서 분다
서로를 지우려고 흔든다

할아버지는 믿는다
그날의 적들이 골목골목 숨어 있다고
나는 본다
동공에 박제된 시대의 자작극
끝나지 않은 전쟁을

바람이 멈추면
깃발은 하나의 천
두 아우성이
한 그루 나무에서
흔들리는 잎사귀였음을
우리는 기억하게 될까
바람도 언젠가는 늙는다는 것을

봄의 구두점

아버지 방문턱을
가만히 넘어가
어머니 비단신 하나 놓아둔다

매화가지마다
채 못한 말마디 몇 점 걸어두면

진달래는 물음표
개나리는 쉼표
목련은 말줄임표처럼 피어
봄빛이 밑줄 그은 꽃잎의 행간
읽지 못한 문장들
손편지처럼 피어난다

어머니 약손이 지나간 자리마다
온점처럼 박힌 꽃씨들
미완성된
꽃신 자국들이

뒤뜰 끝까지 선명하다
당신들이 걸어온
모든 계절의 발자국처럼

"사랑합니다"
마침표 대신
쉼표 하나가
조용히 떨어진다

식탁엔 사과

식탁엔 사과가 놓여 있다
아내는 한 알씩 내어놓으며 자신을 먼저 깎는다
말없이 빙빙 돌아 나간다

껍질은 늘 말이 없다
아침부터 소리가 커지는 날이면
딸은 껍질처럼 자신을 오므리고
아들은 풋사과의 씨앗처럼 입을 다문다

그런 날 아내는 사각사각
빗소리를 깎듯 사과를 깎았다
속이 다 드러날 때까지
베어낸 그 살결
깊숙이 삼킨 눈물이 맺혀 있다

한 줌 사과가 저녁을 물들인다
껍질은 바깥으로 밀려났지만
우리는 늘 그 껍질로 하루를 감싸 안는다

이따금 아내는 사과를 덜 깎는다
끝내 닿지 못한 말들이
껍질 안에 숨겨져 있기 때문이다
그러면 나는 껍질째 받아 삼킨다

그 맛 속엔 날마다 조금씩 깎여지는 내가 있고
깎여나간 자리에선
아내의 손길이, 사랑이, 씨앗처럼 익어간다

여섯 장의 유서

검은 커튼 뒤에서 마지막 숨을 고르는 동안
찰칵, 빛이 내 유언을 받아적는다

거울 속에 앉은 고인이 나를 대신해
정면을 응시하고 있다
동공에 맺힌 작별 인사를 카메라는
차갑게 삼켜버린다

몇 번째 촬영에서 입꼬리 미소가
부음처럼 굳어간다
이승의 표정인지 저승의 침묵인지
분간할 수 없는 얼굴

배출구에서 나온 여섯 장의 부고가
같은 날 다른 시간에 죽은 나를 증명한다
첫 번째는 여권 속에서 실종된 얼굴
두 번째는 이력서에 묻힌 젊은 망자
세 번째는 주민등록증에 갇힌 번호

마지막은 아직 도착하지 않은 조문객의 얼굴

인화지에 새겨진 묘비를
손끝으로 쓰다듬는다 비석처럼 차갑다
붉은 도장이 찍힌 자리가 십자가처럼 선명하고
가위로 잘린 여백이 관의 모서리처럼 날카롭다

검은 커튼 뒤에서 마지막 숨을 고르는 동안
찰칵, 빛이 내 유언을 받아적는다

입의 정치학

입술이 서로 달라붙는다
뜨겁다, 너무 뜨거워서
목구멍이 서서히 잿빛으로 타들어간다

입은 혀를 삼키고
혀는 숨을 삼키고
숨은 낙인을 삼킨다

잉태된 것은 목구멍의 울음
말이 채 피어나기도 전에
먼저 올라오는 건 헤드라인
죄가 자란다

입이 한쪽으로 기울면
세상이 비스듬해진다
말들이 미끄러져 내려
발 없는 곳으로 사라진다

나는 입을 지운다
필사적으로
검은 테이프 한 줄로

지우개 가루 같은 숨이 허공에 흩날리고
죄는 한순간 증발하는 듯 보인다
하지만 여전히, 끈적한 입술 사이로 새어나오는
침묵 하나

검은 테이프 아래 맥박처럼 뛰는 모음들
자음은 이미 질식했고 온점만 살아 번식한다

새벽, 검은 테이프가 들뜬다
지운 자리마다 새 입이 돋는다
백 개의 침묵이 백 개의 외침이 되어
스스로를 고발한다

파과

할머니의 손등은 시월의 구릉이다
굽이굽이 패인 등성이에 잡힌
터진 파과 몇 알

제 몸을 갈라
겨울을 부르는 저 향기

이거 다 떨어가, 오천 원

파과 속살이 벌어진 틈으로
햇빛이 스며들어
씨앗 하나 반짝인다

다 익어서 떨어진 거야, 정말 달어

오천 원으로 팔리고
오천 원으로 기억되는
빈 발우 같은 울림이

장바닥으로 굴러간다

떨이가 된 할머니
만추 한 줌을 오천 원에 싸서
속곳 깊이 넣는다

터진 자리마다
시간이 새겨놓은
당도 높은 노을

파과가 된
하루가
가만히 접혀들어가
노을 끝에 머문다

폴리스 라인

시체 옆 그림자가
형사의 구두코보다 길게 늘어진
저녁 여섯 시 뉴스
정지 화면

어제도 6시 오늘도 6시
같은 자리 다른 시체
형사는 하품을 한다
접힌 어둠이 목구멍으로 들어간다

사인은 자살입니다
TV 속 자막이 입을 다문다
그림자가 고개를 젓는다
사인은 자살입니다
진술서가 믹스커피처럼 타이핑되고
사건이 아니라 습관이 된다

정지 화면이 재생된다

리모컨을 든 내 손목에
노란 테이프가 감겨 있다
화면 속 시체가 나를 닮았다

엄마가 부른다
저녁 먹으라고

나는 대답할 수 없다
내 목소리가 뉴스에서 나온다
사인은 자살입니다

해동되지 않은 여름

냉동실 깊숙한 곳
비닐에 감긴
엄마가 손질해 둔 닭 한 마리
꽝꽝 웅크리고 있었다

살아 있는 척
웃고 있었다

부엌칼 자국같이
생채기 난 그 말
엄마

그 따뜻한 습관을
손끝으로 쓸어볼 때까지
엄마 없는 냉장고가
이토록 깊은 허기일 줄 몰랐다

문을 열 때마다

엄마가 빠져나간 자리가 시리다

엄마
꺼내지 못하는 단단한 말
해동되지 못한 채
냉동고 깊은 한켠에서
조용히 나를 붙잡고 있다

해묵은 의자

그림자처럼 네가
살금살금
내 속으로 들어와
달콤하게
나를 꺼내 먹는다

아빠, 잘지내지?

네 짧은 목소리에
숟가락을 놓는다
덜 마른 빨래처럼
나는 온종일 축축하다

네 살냄새로 가득 찬 4월
뒤척이다 결국
앨범 속 네 볼을 쓰다듬는다
손님처럼 웃는 네 얼굴을
나도 떠 넣는다

햇살이 네 빈 의자에 앉으면
나는 밥 대신
그 온기를 한술 뜬다

잠시
텅 빈 내 속이 든든해진다

빈 의자에 네 이름을 적는다
먹먹하게 그리움이라고 쓰고
오래도록 사랑이라고 삼킨다

2부

낡은 실밥 여행

낡은 실밥 여행

 기차역 벤치가 시집을 삼킨다. 돌아오지 않는 사람의 무게만큼 목구멍 계단을 내려간 언어들이 순댓국처럼 목울대를 감싼다, 뜨겁게, 또 미지근하게. 매일 같은 길을 걸어도 역에선 누군가 떠나는 소리가 들린다. 미련 한 줄 남기지 않고 깨끗하게 창밖 풍경이 멀어질 때 나는 남겨진 자리의 빈 공기를 만진다.

 비우고 또 비워도 또렷이 남는 건 가방 안쪽, 검은 실, 붉은 실, 투명한 실로 꿰맨 자국 같은 네 목소리. 그건 멈춰야 비로소 꺼내 읽게 되는 뜨겁고 미지근한 한 줄의 이름, 한 뼘의 기억.

 오늘도 나는 익숙한 무게를 어깨에 걸치고 떠나는 척, 가방 속을 또 네 온기로 채운다. 낡은 실밥 끝에 매달린 일상을 감아 다시 넣으면서. 너를 떠날 수 없다는 말까지 여행이었다는 듯.

낮게 피는 꽃

사랑은
밑으로 간다

버티고
견디어

끝내는
가장 위에서
핀다

너는 눈처럼 내린다

첫눈처럼 네가 오던 오후
종소리처럼 문이 열려도
의자는 제 그림자만 앉혔다

식은 찻잔을 치우지 못하는 건
네 숨소리가 아직
잔 속에 잠겨 있어서다

눈이 온다
그때 우리가 기다리던
첫눈이었을까

빈 의자가 하나
찻잔이 하나
그리고 너 없이
소란스런 적막

찻잔 속으로

하얗게 네가 가라앉는다

눈발 대신
네 침묵이 창밖에 쌓인다

네가 있었다

OFF 할 수 없는 ON

스치기면 재생되는
동굴의 메아리처럼
나는 깜빡인다

ON이 의식의 문을 닫으면
OFF가 무의식 창을 연다
그 경계 숨과 숨 사이
우리는 떠돈다

비밀번호 속에 갇힌
너와 나
암호화된 손끝
해독되지 않는 체온

꺼내도 보이지 않는 것들이
가슴 깊숙이 숨는다

OFF의 맥박으로

오늘도 너는
종료되지 않은 채
내 안에서
실행된다

다섯 걸음

새벽마다 오르던 길이 있었다
이끼 낀 돌계단이
굼틀거리며 내 발자국을 어루만지면
마음은 겨울잠 털어낸 뱀처럼
낡은 껍질을 벗어던졌다

첫날은 촛불을 밝혀 들고
두 손을 모았다
비우게 하소서
그 한 마디가 씨앗처럼
가슴 깊이 가라앉았다

둘째 날, 바람이 촛불을 꺼뜨렸다
욕심의 가시가 손끝에 돋고
눈가에 모래바람이 일었다
나는 멈춰 서서
어둠 속에 웅크린 나를 보았다
그 아이가 울고 있었다

셋째 날, 비가 내렸다
촛불 없이도 길이 보였다
돌계단에 맺힌 물방울마다
어제의 얼굴이 비쳤다
나는 그 얼굴에
묵주 한 알씩 놓아주었다

넷째 날, 안개가 자욱했다
발밑의 계단이 서서히 지워지고
발걸음이 허공을 디뎠다
한 걸음 한 걸음이
꽃잎처럼 떨어졌다

다섯째 날, 아무것도 없었다
촛불도 계단도 나조차도
다만 걸음만이 스스로 걸었다
어디서 종소리가 들려왔다
아니, 그것은 내 발목의 방울소리였다

나는 발자국 끝에 서서
거긴 어디냐고 물었다

아무 소리도 들리지 않았다
바람만이 돌계단을 쓸고 지나갔다
문득 내 발이 웃고 있었다
아직 더 걸어야 한다고

담장 밖에

가시 돋는 소리, 3월 아침을 깨운다

교복 대신 가시를 입은 아이들
담장 밖에 뿌리내린다
가시 끝마다
흉터 깊은
빗방울을 매단다

떨어질까
담쟁이처럼 담에 붙은
아이들
담 밖에서 담을 껴안는다

새 책 냄새 피어오르는 아침
벽 너머 웃음소리 쏟아질 때
아이들 침묵은
가시보다 더 뾰족해진다

아이들은

담장에 못 박힌
가시꽃
뾰족하게 해를 삼킨 채
붉은 꽃으로
핀다

문턱의 고양이

여름이 잎끝에서 출렁일 때
숲은 그 팽팽함을 터뜨려 마신다
숲은 초록 고양이
가지마다 몸을 비벼
여름의 털을 고른다

어느 틈에
가을은 누런 고양이로
발톱 하나 드러내지 않고
잎새 하나 흔들지 않은 채
햇살 사이로 수염을 드리운다

문턱에서
두 고양이가 스친다
초록 털갈이를 끝내는 것과
금빛 눈동자로 다가오는 것
두 털색이 섞이는 순간
내 발자국도 겹쳐진다

가득 찬 것들은
색을 바꿀 때를 먼저 안다.

내 손목에 감긴 8월의 빛
고양이 발자국처럼
나도 털갈이를 시작한다

이제는
초록도 금빛도 아닌
문턱의 빛
모든 색이 머물다 가는 통로에서
나는 또 계절의 문턱을 넘는다

붉게 피는 꽃

너를 만난 뒤로
빨래가 마르지 않는다

사흘째 걸어둔 셔츠 겨드랑이에서
네 냄새가 난다

들뜬 벽지에
붉은 꽃들이 피었다
손톱으로 긁으면
포자가 날린다

이렇게
집이
무너지는구나

천천히, 축축하게

창문을 열어도 소용없어

너는 이미
벽 속에 있어

오늘 아침은
베개까지
축축하다

빈 기억

물가에 낮달 하나
백자 사발처럼 걸려 있다

한낮엔 잊힌 줄 알았는데
저 물가에 고스란히 담겨 있다

부르면 비어 있는 쪽이
더 환해진다

나는 비어 있는 이름 대신
물이 지운 자리에
손가락을 넣어
다시 너를 새긴다

낮달처럼
네 이름도 물에 씻겨
투명해진다

낮이 다 지워낸 달자리

그 빈 하늘에 고인 물빛
모두 한때 이름일 뿐

세 번째 가을
— 신정호에서

네가 구겨 넣은 냅킨 메모를
호수만큼 깊은 머그잔에 띄운다
'미안' 두 글자가 거품 위를 떤다

창가 자리, 은행나무
가을의 결산서가 한 장씩 떨어진다
오후 3시 17분
테이블 물자국에 손끝으로 쓴다
—잘가

에스프레소 머신이 21초간
압축된 계절을 추출한다
원두 찌꺼기를 버릴 때마다
단풍잎이 흩날리듯 네 얼굴이 쏟아진다

호숫가 테라스
은행잎이 다시 내려앉는다
네 이름 적힌 테이크아웃 컵처럼

물 위를 떠다닌다
헐겁게 닫힌 뚜껑 사이로
온기가 새어 나간다

핏빛 커피가 한 방울씩 드립백을 통과한다
2분 30초
네가 돌아서던 시간만큼
진하게 우려진다

세 번째 가을의 총합
적립 포인트 2,847점—
너와 함께 마신 계절들의 잔고
혼자서는 다 쓸 수 없는 가을빛

신정호 수면 위로
낙엽이 편지처럼 떠내려온다
읽지 못한 메시지들
'읽음' 표시 없이 가라앉는다

카페 유리창에 비친 빈 의자가
호수처럼 깊어진다
빈 잔을 들여다본다
커피 자국이 그린 갈색 나이테
봄, 여름, 가을
그리고 텅 빈 겨울

오늘도 두 잔을 시킨다
하나는 내 것
하나는 호수에 바치는 것
바람이 너의 의자를 흔든다
은행나무가 답장을 보낸다
사각사각 읽을 수 없는 글씨로

문 열 때마다
들어오는 가을, 나가는 너
신정호 카페는 가을만 내린다

아메리카노도 카푸치노도
모두 이별빛
한사코 마셔도
네가 떠난 가을에서
한 발짝도 움직이지 못한다

첫 모금의 온기
손바닥에서 멈춘다
호수가 되어버린 네 자리

순이 규방

자투리들이 모여 앉은 규방
남색 한 조각
시집 가던 날
그녀 닮은 저고리 빛
아직 거기 있다

자글자글 납작해진 손등 위로
보풀 같은 세월이
가만, 이름을 불러 입맞춤한다

기억이 물든 듯
말라붙은 조각보
바늘에 찔린 솔기마다
다 못한 말들이 실 따라 엮여간다
첫사랑의 편지, 큰 아이 배냇저고리
시어머니 수의 꿰매던 새벽

꾹 짜면

쏟아질 것 같은 쪽빛 고요
천 년 묵은 쪽항아리
바다 깊이 가라앉은 홑겹의 세월이
서쪽 창에 걸려
쪽달처럼 바스락거린다

오늘도 순이는 바늘귀에
제 삶을 꿰어 기워 입는다
쪽빛 저고리 같은
한 땀 한 땀 누빈 생애를
손끝으로 어루만진다

실뿌리

꽃뿌리를 묻었어요
지난 겨울
당신이 떠난 그 자리에

덮을수록 단단해지는
실뿌리
애써 다 파묻었더니

글쎄
봄바람이 슬쩍 들춰보데요

가슴 먼 곳에서
실뿌리 제 몸을 꼬아
천만 갈래로
나를 뚫고 오르데요

안으로 자라는 가시

유치 하나 툭 빠진 빈 칸처럼
쩌억 벌어진 밤송이

한 톨 한 톨 제 살 쪼개어
내 이름만 부르던 아버지
나는 단단한 껍질을 들이받았다
당신은 가시를 세워
세상으로부터 나를 감췄다

익어갈수록 나는 무거워졌고
당신은 더 벌어졌다
제 몸 찢어 길을 내주는 침묵이
비명처럼 들렸다

온 산을 통째로 달구는
밤송이 터지는 소리
그것은 마침내
당신이 숨을 놓는 소리

이제야 보인다
가시는 세상을 찌르는 것이 아니라
제 살을 찢는 것이었음을

빈 송이가 떨어진 자리
딸아이가
안으로 자라는 가시 하나 품고
제 몸을 밀어 올린다

어쩌라고

꽃잎이 흩날린다
미안하다고 했더니
그 말 지겹다며 입술을 깨문다

하얗게 잎이 떨기에
또 미안하다고 했더니
그 말, 이젠 버릇 같다고 등을 돌린다

뭘 잘못했을까?

한평생
너를 사랑한 죄로
나는 겨울이었다

나는 평생
네 봄이었는 걸
이제
어쩌라고

점선 밖의 오후

숨을 참았다 뱉는다
어제가 오늘을 베고 간
희미한 칼자국 같은 점선들

바스락거리는 손끝에서
모래처럼 빠져나가는 시간
한 발짝도 오지 못하는 너

빛이 기울 때면
네가 길어지고 내가 짧아진다
점선 밖으로
단 한 번도 나가본 적 없는 우리

오후 네 시의 창문
네가 먼저 도착해 있다
내가 움직이면 너도 움직이는데
왜 우리는 끝내
마주 본 적이 없을까

너는 내 그림자일까
진짜 나일까

아니면 우리 모두가
점선 밖 누군가의 그림자일까
오후가 끝나도
영원히 도착하지 못할
서로의 본체일까

창살 너머의 말

생일초를 꽂았다
절뚝절뚝 뿌리 내린
요양원 창살 안에
엄마 나이를 꽂았다

자기 안에서 자기를 태워
뜨겁게 자진하는 생의 한 귀퉁이
촛농이 흐른다
전생의 기억이 한 방울씩 떨어져 굳는다
달콤했을 연보랏빛 케이크
혀끝에서 재가 된다

―엄마, 나
―누 구 세 요

서랍을 당기듯 부르던 말
파편처럼 덜그럭거리는 말
우수수, 빠져나간다

어디로 가는가
등뼈는 접히고 또 접혀
누군가의 딸이었던 몸이
텅 빈 고치가 되어간다

창살 사이로 새어 들어온 햇빛이
그녀의 손등에 머문다
주름진 지도 위에 길을 잃은
내 이름의 흔적처럼

구름이 지나간다
창살에 걸려 찢어지며
그녀가 나를 낳던 날의 비명처럼
소리 없이 허공에 매달린다

허수의 겨울

편의점 알바를 마친
밤 열한 시
적막이 나를 붙잡는다
너는 뭐냐, 어디 소속이냐고

나는
가로등 사이의 거리를 잰다
여기서 저기까지의 침묵을
아무리 재어도
내 꿈 × 현실 = 허수다

얼어붙은 나무가
바람에 몸을 맡긴다
가지 사이를 떠나는 쪽달이
나를 내려다본다

춥다

성에를 훔쳐 그네를 탄다
삐걱거리는 소리에 매달려
앞으로, 뒤로
과거와 미래를 오간다

손끝이 저리다
어느 쪽도 닿지 않는다

겨울이 지나면 봄이 온다고
너무 진부하다
나는 그런 진부함을 믿지 않기로 했다
다만 이 겨울도 봄처럼
무지무지 평범했음 좋겠다

3부

봄의 흉터

까치밥

너와 나 사이에서
끝내 떠나지 못한 말들이
은박지처럼 바스락거린다
하얗게 부서지는 입김 속으로
파고드는 살얼음 같은 속삭임

손끝으로 눌러 새긴 저기 저만치
얼어가는 너란 글자
마디마디가 서릿발 박힌 듯
꼿꼿이 매달려 있다

아무도 따지 않고 남겨둔
까치밥처럼
봉인하지 못한
그 사랑이
무서리보다 더 붉게
가지 끝에 서 있다

거의 얼어 붙어
더는 가 닿을 수없는 너

그 깊은
그리움의 속살을 부리로 쪼아
빈집이 될 때까지
뜨겁게 품어주고
싶다

물 때

잇몸보다 더 부드럽게 오몰거리는 할아버지 웃음소리와 짠내 밴 기침소리가 나지막한 햇살 속으로 걸어간다. 갯벌처럼 접혀진 등허리를 손끝으로 가만히 다독이는 할머니, 그 무릎 위에는 오십 년의 하루가 앉아 있다

썰물이 빠져나간 자리마다 새겨진 주름처럼, 두 사람의 손이 맞닿은 곳에서 세월이 번진다. 손등의 푸른 실핏줄과 관절의 둔탁한 마디들이 서로를 찾아 엮이고, 그 사이로 노을이 스며든다 바닷물이 돌에 새겨놓은 선명한 자국처럼, 지워지지 않는 시간들이 거기 있다

묵은 숨 하나, 또 하나. 물때 묻은 방파제가 파도를 맞듯 그들은 세월을 맞는다 밀려왔다 빠져나가기를 반복하는 파도처럼, 기억들이 그들의 어깨 위로 철썩인다 바람에 실려 온 갈매기 울음소리가 멀어질 때, 두 사람은 말없이

서로의 몸을 기댄다. 밀물처럼, 아주 천천히, 마치 처음부터 그래야 했던 것처럼

　이제는 안다. 물때란 지워지지 않는 것이 아니라 스스로 남겨둔 흔적임을 바다가 돌에, 세월이 사람에게, 사랑이 영혼에 새겨놓은 오래된 약속임을 썰물 때 드러나는 갯벌의 물결무늬처럼, 우리가 살아온 모든 날들이 피부에, 눈가에, 서로를 부르는 목소리에 선명하게 남아 있다

　저 멀리 수평선이 붉게 물들고, 할아버지가 할머니의 어깨에 놓인 머리카락 한 올을 쓸어넘긴다 그 손길에도 물때가 묻어 있다. 짠내와 그리움과 오래된 다정함이 층층이 쌓인, 결코 씻겨 내려가지 않을 물때가

봄의 버퍼링

어떤 날은 새순처럼 맑갛게
초록빛 시간으로 되감고 싶다
문장 끝에서 멈춘 듯 멈추지 않는
네 안부
여전히 로딩중이다

입속에서 한 조각씩 접었다 펴보다
끝내 누르지 못한 전송버튼
봄밤엔 말보다 느린 감정이
무거운 데이터처럼 흘러간다

깨진 픽셀 사이로 네 이름 부른면
저주파 진동 하나
내 안에서 울린다

계절은 매년 반복 되지만
같은 버전의 봄은 없다
그해 사월, 너라는 파일은

업데이트되지 않았다

꽃잎이 한번에 피지 못하고
뜸 들이는 시간

봄의 버퍼링이다
느려서 더 선명한
봄이 아름답다

봄의 흉터

겨울 내 어둠을 삼킨 씨앗들
서로의 어깨를 다독이며
단단했던 땅을
흔들고 있다

껍질을 벗고 목숨까지 깨물어
밟힌 흙을 밀치며 서로를 꺼낸다

햇살 얹힌 양지쪽
처음 닿는 둥근 냄새
씨앗들은
향기를 달콤하게 싸서
서로의 기억에 담는다

  천 번의 짓눌림 속에서도 씨앗은 제 길을 찾는다

  불시의 꽃샘추위에

흉터가 풍선처럼
부풀어 오른다

등 뒤에 오래 묻어둔
이름 하나가
가만히 흉터를 보인다

봄이 와도 아픈 것들에게
봄이 와서 더 아픈 것들에게

빈 참호

푹푹 찌는 열기
어제와 똑같은 내일을
추궁하는 그대 잔소리 같다
저 짹짹대는 더위 사이로
소나기 한번 왕창 쏟아졌으면 좋겠다

물 한 모금 품어 보지 못한 오랜 열기에
심장과 폐를 다 익혀 놓고도
조롱하듯
치솟는 이산화탄소 농도

남북으로 굽은 그대 등 뒤의
38선
당신은 닳고 닳은 말들로 포격하고
나는 삼킨 침묵으로 참호를 판다

그런 당신 입술을 설거지 통에 넣고
빠드득빠드득 문질러 보지만

쉰내 나는 잔소리는
말복 더위처럼
허리춤만 들썩일 뿐
화해는 요지부동이다

끈적거리는 선풍기 소리만 맴도는
DMZ 침대 위
등 돌린 당신의 어깨와
포격 당한 내 귀가
나란히 헐떡거리는
말복날

빨랫줄

저승빛 노을이
빨랫줄에 걸렸다
왜 이리 미안할까

아무리 털어내도
퀭하게 말라 붙은
엄니 주름살 같은
저 소금기

펄럭인다
빈 옷걸이에 걸린
엄니
마지막 적삼

바람이 뒤집어 읽는
엄니의 일기장
한 줄도 마르지 않는다

스무 개의 화분

해고 통지 받던 날
아버지는 화분 하나를 들고 오셨다
선인장은 물 안 줘도 산다며
멋쩍게 웃으셨다

일주일 뒤
베란다에 토마토 모종 세 개
A4 용지에 손수 표를 그려
줄기마다 성적표를 달았다

오전 아홉 시 분무 세 번, 오후 두 시 햇빛 방향 조정
저녁 성장 수치 기록
오늘 성장률 2.3%라 적었다
그래프는 말없이도 상승 곡선을 그렸다

이제 스무 개의 화분이 줄지어
아버지 이력서를 읽는다

토마토 하나가 빨갛게 익었다
아버지는 그것을
그저 손바닥에 올려놓고
오래 들여다보다
가만히 한 입 베어 물었다

씨앗이 흘러내렸다

아그배꽃

사월아
컹컹 짖던
바람조차
달아오르는구나

흰 적삼 하염없이
후끈후끈
꽃바람 난간에 오똑
서 있구나

온 산이
벌겋게 취해
비틀거리는 오후
사월아

나도

네가
느껴진다

여름산에 그리는 겨울

아버지

물돌 틈에서
탱탱한 물빛이 팔뚝처럼 튑니다
당신은 숨을 고르고
나는 등줄기 소금 냄새를 맡습니다

저 짙푸른 물소리
젊은 날 당신의 발자국 소리
아직도 씻겨 내려가는 중인가 봅니다

가르치지 않아도
물은 계속 내려가고
나도 자꾸 저녁 쪽으로 걸어갑니다

보세요, 아버지
노을이 내려앉은
8월의 여름산

저 능선 너머
닳아 희미해질 겨울산 하나
덧그려 넣고 싶습니다

여름을 포장 중

네 볼에 입술을 대던 날
분홍색 비밀 하나 스며들었다

그건 혀끝으로만 읽히는 복숭아의 고백
숨 막히게 달았다
그렇게 다가와
씨앗을 품고 살결을 내어주던
너의 부드러움은
끝내 부치지 못한 편지처럼
내 입안에서 오래 익어갔다

여름이면 나는 복숭아밭을 찾는다
껍질째 한 입 베어 물면
붉은 단물이 흥건히
혈관까지 번지던
그 떨림

아직 다 맛보지 못한

씨앗 가까운 곳의 신맛 같은
단단한 네 마음
그 향은 지워지지 않을 것이다

다시 여름이다
복숭아 하나를 고르며
나는 천 개의 여름을 만진다
네가 있던 자리마다
솜털이 돋아나고
과육 속에서
우리의 시간이 다시 익는다

마침내 알았다
씨앗은 끝이 아니라 시작이었음을
딱딱한 것들 속에서도
새로운 나무는 자라고
매년 여름
더 깊은 단맛으로 돌아온다는 것을

오늘도 복숭아 한 상자를 산다
하나는 먹고, 하나는 그리워하고
하나는 내일을 위해 남겨둔다
여름을 포장하듯
너를 기억 속에 차곡차곡 접어 넣는다

오월의 목덜미

오월의
목덜미에서 풀냄새가 난다
내 이빨이 시린다

꿩, 꿩, 꿩

장끼 꽃울음이
하늘에 못을 박는다

푸른 수액이 역류하여
네 안에서 숲이 자란다
가지 끝 심장에서
오월의 잎사귀가
몸을 찢고 쏟아져 나온다

나는 그것을 마신다
뜨거운 오월의 숨

웃음꽃

한파주의보
어찌 너를 깨울까
난초야 아가야

입술이 시릴까
고개를 살짝 돌려줬더니

햇살 가득한 방안으로
까르르까르르

할아버지, 꽃향기로 달려와
폭 안기는 우리 애기

방안 가득 피어나는
말간
웃음꽃

접힌 날

2월을 가위로 자르다 보면
접힌 날 하나가 떨어진다
스물아홉 번째 날
네가 머물던 자리

4년에 한 번씩만 깨어나는
이 하루를 네가 가져갔다
달력을 아무리 넘겨도
돌아오지 않는 날짜처럼

그리움이라 부르기엔
너무 아쉽고
슬픔이라 말하기엔
너무 간절한
2월의 꼬리

종잇장 같이 얇은 2월의 끝
스물여덟 번째 밤

빈 달력에 멈춰진 심장박동을
나는 듣는다

펼치면 사라질 것 같은
네가 건네지 못한 마지막 말
윤달의 빈 자리에
아직도 접혀 있다

천 번째 새벽

손가락 마디마디 비벼 밝힌
초 한 자루
고상 앞에 푸르게 지피고
눈물 한 덩어리 묻는다

꺼질 듯 꺼질 듯한
불빛 저쪽
태워도 남는 뜨거운 침묵
까맣게 절은 묵주알에
한사코 아이들을 매달아 놓는다

아내의 혀끝에서
돌멩이가 되어버린 기도
천 번을 굴려도
하늘 끝에 닿지 않는다

묵주알이 닳고 닳아
가슴을 뚫을 때

비로소
쏟아지는 새벽

새벽은
아내의 두 손에서 피어오른 불빛
하느님도
겨울처럼 기침을 하신다

첫 꽃잎 피는 소리

이월 끝 서릿발 새벽
홍매 가지 끝에서
무언가 터진다
천 년 묵은 침묵이
붉은 혀를 내민다

얼음 속에 갇혔던
한 점 불씨
제 몸을 태워
빛이 되는 중

아무도 보지 않는 사이
가지가 제 뼈를 꺾고
꽃받침이 입을 연다
깨달음인가
아니면 그저 봄인가

봄바람이 묻는다
누가 피우는가
홍매는 답 대신

또 한 송이를 연다

꽃잎과 꽃잎 사이
텅 빈 공간에서
어제의 가지와
오늘의 향기가 만난다
거긴 나도 너도 없다

첫 번째 꽃잎이 떨어질 때
비로소 안다
아무리 붙잡아도
가지 끝 붉은 봄은
이미 시작되었고
피는 것과 지는 것이
한 호흡임을

떨어진 자리
또 다른 꽃눈이
이미 숨 쉬고 있음을

홑겹의 삼월

　서울의 등줄기에서 매화꽃 불쑥 고개를 내밀고 웃는다 평년보다 열나흘 앞선 개화 꽃들이 스스로를 밀어 올리며 자랑질이다 너는 이미 사월의 심장으로 달려가는데 진화가 덜 된 나는 아직 이월을 걷고 있다 삼월의 문턱에서 네가 흘린 꽃잎 하나 줍지 못하고 멈춘 시계를 품은 채 겨울의 끝자락을 서성인다 기다리지 마라 내 손끝은 아직 얼음이고 내 숨결은 여전히 서리인데 너는 이미 꽃비가 되어 흩날린다 나는 본래 이월이다 피어나려 애써 보지만 홀로 떨고 있는 홑겹의 꿈 차마 넘지 못할 삼월의 등을 바라보고 있다

황도

천 번의 낙하를 견딘 꽃잎 하나
가장 밝은 7월의 속살을 찢고 나온다

봄비 스친 꽃자리에 새벽이 스며들고
이슬방울 디디고 간 가지마다
달콤한 멍자국

햇살은 꽃 진 틈새를 부풀려
씨앗의 어둠을 과육으로 뒤집는다

마침내 이뤄낸
황금빛
여름의 심장

내 생의 가장 묵직한 황도 한 알
당신 손바닥에 올려놓습니다

이 단맛으로
당신 하루가
환해지기를

4부

낮달 지우기

가만히 오는 봄

엄마 품속에 웅크렸던 아기들
어린이집 문턱을 넘어
낯선 공간에 옹기종기 서로를 꺼낸다

장난감 쌓인 교실 한쪽
처음 맡는 크레파스 냄새
아기들은 색을 나눠 칠하면서
달콤하게 서로의 하루를 물들인다

얼마나 울고 다시 웃어야 익숙해질 수 있을까

갑자기 울음보가
풍선처럼 부풀어 오르면
여기저기 터지는 울음의 하모니

그러다 누군가 터뜨린
까르르 웃음 하나
눈물자리를 무지개로 바꿔낸다

가만히. 봄이 오고
가만히, 아기가 자란다

낮달 지우기

아침, 빨랫줄이 하늘을 오선지처럼 긋고
쉼표 하나 매달았다
낮달

풀잎에 맺힌 얼굴
아직 채우지 못한 문장처럼 흐릿하다
그 위에 낮달은
마침표 없는 속삭임을 쓰고
물음표만 남긴다

멈춘 시간의 눈금 위에서
낮달이 제 몸을 지운다
쓰지 않은 답장이
더 진실한 언어가 된다
한낮의 그림자는 짧아지고
낮달은 천천히, 투명해진다

그 자리에 오후의 빛이 기울고

텅 빈 하늘에
투명한 침묵만 남는다

밤이 오기 전
하늘은 지워진 자국을 더듬는다
나는 그 빈 자리에
다시 낮달을 그린다

낯선 조명

햇살이 먼저 깨어나면
남편은 백합향 커튼을
살랑 걷고 아침을 열었다
햇살은 주름진 손등을 타고 방 안에 퍼졌고
갓 지은 밥처럼 따뜻한 말
커튼 사이로 피어나는 남편의 웃음을
가끔씩 커튼에 돌돌 말아 감싸안았다

삶이 너무 고요할까봐
종종, 말 대신 내 등에 손을 얹어 주던 남편은
어느 날부터 아침을 닫기 시작했다
햇살은 무뎌졌고
남자의 눈빛은 벽을 향했다
나는 더 이상
커튼 뒤에서 남자를 기다릴 수 없었다

그렇게 남자는 떠났고
커튼은 흔들리지 않았다

지문조차 남기지 않은 살구빛 노을
누렇게 닳아 길이 든 햇살이 소파에 기대면
남편이 저녁밥을 차려놓고
나를 부르는 것만 같아
가만히 커튼을 만진다

이제 조명이 낯설어
불을 켜지 못하는 방
방이 환해지면
남편은 어둠을 덮어주려 문을 연다
말없이 다가와
내 마른 손을 잡고
오래된 사진처럼 고인 눈물까지
쓸어내린다

아파하지 마.

반쪽

초록 둥근 등을 맞대고
수박 한 통을 쪼개던 날
와락, 터진 붉은 여름은
갈증을 한 번에 무너뜨리는
서늘한 고백 같았다

너의 웃음은
초록의 껍질을 따라
까르르 튕겨 오르는
이슬 같았지

달콤함이 혀 끝에 머물 때
뱉어낸 까만 씨앗들
차마 삼키지 못한
우리의 뜨거운 약속이었을까

껍질 안쪽에 붙어
희미하게 남은

속살 같은 아쉬움은
한 입 더 베어 물고 싶은
여름의 마지막 단맛

붉은 과육이 손가락 사이로
흘러내리던 그 순간처럼
너는 내게서 빠져나갔다

여름의 복판에서
나는 보고 싶다는 말 대신
반쪽짜리 씨앗을
묻는다

빛의 흉터

하늘을 접었다
사각 틀 속에 하늘을 가두고
달빛보다 차가운 빛을 길들였다

문명의 뼈마디에 매달린 전구들
켜졌다—꺼졌다—켜졌다
과민한 눈꺼풀이 경련하듯 깜빡인다

이제 접힌 하늘은 신이 아니다
빛을 만든 자들이 스스로 신이 되었다
형광빛에 취한 신들의
눈먼 춤

그 춤에 나도 발을 맞춘다
도시의 맨살 같은 뜨거운 전류가
붉은 혈액처럼 폐 속으로 스며들고
나는 기꺼이 인공의 숨을 들이켰다

밤하늘은 스크린이 되고
잘려 입자가 된 별들이
손안의 작은 우주에서
심장박동처럼 깜빡인다

작은 알림 하나에도 흔들리며
나는 접힌 하늘 속 번쩍임에 갇혀 떨린다

나는 인간일까
아니면 빛에 물이 든 채로 남은
시간의 흉터인가

사탕 먹기

사탕을 넣고
혀를 포갠다
달콤한 침샘 사이로
막 짜낸 설렘이
도톰히 입술에 안긴다

녹아든 단맛
토닥토닥
심장의 단추를 풀고는
꼼지락거린다

작은 떨림 하나
깨어나
별이 된다

그 별빛
깊숙이
반짝이던 기억들이

우수수 쏟아져

우주를
굴린다

3·8선

한집에 살면서
지구 반대편처럼 멀어지는 사람이 있다
찻잔 옆에 놓인 메모 한 장도
지뢰처럼 읽힐 때가 있다

말은 줄어들고
눈치가 늘었다
사랑 대신 전략을 펴는
무언의 저녁

등뼈가 벽이 되고
베개 사이로 철책이 자란다
당신의 한숨은 북에서 불어오는 찬바람,
내 숨결은 남쪽 끝에 걸린 안개처럼
무겁고 느리다

나는 접경지역 초병처럼
당신의 눈빛을 살핀다

웃음은 휴전 이후의 정적
언제 터질지 몰라
숨을 죽인다

38선은 지도에만 그려진 게 아니다

오늘도
부엌과 거실 사이
그 위태로운 선을
넘지 못한 채

냉장고 문만
덜컥
켜졌다 꺼진다

소백산 고사목

제 몸 끝까지 몰아붙여
속살 깊이
서리꽃을 피운다

천 년의 침묵으로
폭설을 삼키니
뼈 마디마디
시간의 이빨자국
경전이 된다

죽음의 문턱에서
숨 고른 몸
하얀 뼈대 위로
하늘이 쏟아져 내린다

잎 대신 매달린 눈꽃들
첫 햇살에 녹아내려
소백산 텅 빈 가지 끝에서

천 개의 종소리
환하게 터뜨린다

안개 입술

손을 넣으면 만져지는 따뜻한 안개
네 향기는 강 건너 새의 날갯짓처럼
얇고, 촉촉하다

서서히 차오르는 온기
젖은 숨이 목덜미를 깨문다

풀린 입술이
꽃잎처럼 겹겹이 열리고
너는 피어난다

붉은 꽃 속
가시 끝에 맺히는
네 숨결

어머니 식탁

틀니 빠진 어머니 입속에 고물고물 내일이 굴러다닌다
된장국에 빠진 무 한 조각은 수학 시간에 풀지 못한 미지수 같고
질긴 나물 줄기는 아무리 씹어도 답이 나오지 않는
오늘의 방정식

말없이 삼킨 밥 한 술은
괄호 속에 넣어둔 한숨이다

오몰오몰
쩝쩝쩝
숟가락과 젓가락 사이로
들랑거리는 세월

어머니는 하루를 씹는다 천천히, 더 천천히
미적분보다 느린 덧셈으로

한 끼를 겨우 더한다
빈 그릇 바닥에 풀지 못한 채 남은 미지수 하나

입술로 모호한 등식이 만들어내는
어머니 식탁엔
하루를 다 씹고도 삼키지 못한
시간이 놓여 있다

울타리 너머

새벽이면 울타리 너머
보이지 않는 새를 좇았다

갑수네 처마, 둥구나무
논배미 끝까지 헤매다
흙투성이로 돌아온 고무신이
뜰팡에 턱턱 엎질러졌다

물꼬를 보고 온 아버지는
거친 손으로
젖은 발을 닦아 주며 말했다
너무 먼 데는 가지 말라고

학교 가는 길
빼빼 마른 전봇대
논두렁을 지나 뛰어오는 검둥이
점빵을 들랑거리는 아이들
따라오지 못하는 먼 곳까지 달려가

더 멀리 더 푸른 하늘빛을 좇았다

김 오르는 저녁밥상
국그릇 훔치던 내 눈 보고
어머니가 웃으며 말했다
오늘은 네가 좋아하는 오징어네

그 웃음 틈새로
울타리 너머 저녁 바람이
내 손등에 내려앉아
내 안의 울타리를 흔들었다

원두 볶던 남자

남자는 원두를 볶으며 말했다

처음엔 푸른 냄새가 난다고
열을 견디다 못해 터지는 소리
첫 번째 크랙, 두 번째 크랙
그 사이 어디쯤에서
비로소 커피가 된다고

나는 예순을 넘어서도 모른다
터져야 향이 난다는 것을
깊이 볶일수록
쓰디쓴 단맛이 깃든다는 것을

남자가 떠난 지 삼 년
그 볶는 법을 물어보지 못한 채
나는 여전히 설탕을 넣는다
내 커피가 완성되려면
언제까지 볶아야 할까

오늘도 김이 차오르는 커피포트 옆
빈 식탁 위에
그가 쥐었던 로스터 손잡이만 따뜻하다

창밖엔 비가 내린다
원두처럼 검게 타들어가는 구름
나도 모르게 귀를 기울인다
첫 번째 크랙, 두 번째 크랙
그 사이 어디쯤
남자의 숨소리가 터진다

남자 없는 멀건 아침
혼자 마시는 아메리카노
향이 없다

지울 수 없는 새벽

장미는 붉고 제비꽃은 파랗다
설탕은 달콤하고 당신은 아름답다
팔백만 번의 클릭이 말한다
이것이 시라고

기계는 순간에 천 개의 별을 찍는다
나는 새벽을 파서
한 점의 어둠을 건져 올린다

새벽 두 시
깨진 잠 사이로 흘러드는 것들
낡은 시계의 느린 초침
자판기 위에서 굳어가는
이름 없는 상처들
세상은 이제 이런 글씨를 읽지 못하고

조회수 영
좋아요 영
댓글 영의 시간들

그러나 누군가의 아버지인 내가
아무도 모르는 새벽에 쓴 한 줄이
세상의 끝에서 저 혼자 숨 쉬고 있다

시인은 존재의 오류다
지워지지 않으려는
한 줄의 떨림이다

나는 그 떨림 속에서
꿈틀거린다

청소 중입니다

새벽 네 시
살점을 베어가는 냉기 속에서
나는 투명해진다

어제의 발자국들을 오늘의 물걸레로 지운다
누군가의 커피 얼룩 누군가의 담배재
누군가의 하루

풍덩, 새벽안개 속으로
한 발짝

풍덩, 더 깊은 침묵 속으로
또 한 발짝

쓰레기봉투를 들어올린다
내 몸무게는 얼마일까
버려지는 것들이 나보다 무겁다

기계가 윙윙거린다

바닥을 닦는 소리
심장이 뛰는 소리
구분이 안 된다
거울에 비친 것은 청소복뿐

먼지처럼 쌓이고
쓸려나가는
사람의 새벽

누군가는 곧 출근할 것이다
반짝이는 대리석 바닥 위로
나는 이미
여기 없었던 사람

틈

사랑이 생겼다
그대와 내가 생겼다
속수무책 정이 생겼다
가진 게 없으면 애틋할 일도 없었는데
내 심장에
그대란 언어가 생겼다

그런 그대란 언어에
덩그러히 틈이 생겼다
작은 구멍 사이로 보이던 희미한 간격
후유증처럼 알록달록했다

떨어진 말풍선을 도마 위에 올리고
끝 모서리를 도려낼 수 있다면
심장을 그 자리에 묻어도 괜찮다

심장 밖에선 겨울이 지나간다
밤새 눈이 퍼붓고

네 전부를 하얗게 덮었다
그 위에 침묵을 쌓았다
쌓고 또 쌓았다

빈 의자에 웅크린 어둠
찻잔에 고인 어제의 온기
그리움의 파편들이
문틈 사이로 숨을 쉰다

오늘은 속살까지 촘촘히
너를 넣어 꿰매야겠다
이 지독한 틈을
한 땀 한 땀

하관

눈발이 관 위에 쌓인다
새들도 숨을 묻었다
발끝에 채이는 도토리 하나
떠난 이의 주머니에서 굴러나온
이별은
숨소리마저 파묻는 일
한 생의 온기를 통째로 덮고
혼자 돌아서는 일
하얗게 부서지는 날갯짓
눈발도 제 무덤을 판다
봄이 오면
도토리가 관을 뚫고 오른다
저 깊은 곳에서
참나무가 된다

■□ 해설

다정한 사람들과의 소중한 만남과 씨앗의 인간학
―송용배의 시 세계

권 온(문학평론가, 문학박사)

1.

송용배의 인생에서 국어와 시와 문학은 매우 중요한 역할을 담당한다. 그는 국어 교사로서 오랫동안 활동했고, 2004년에 시인으로서 등단한 이후 꾸준히 작품활동을 하고 있으며, 현재 문학단체 '온주문학'과 학교밖 청소년 글모임, 시사랑, 글쓰기와 힐링 등을 통해 다양한 문학인들과 함께 활동 중이다.

송용배가 이번에 출간하는 시집은 그의 시 세계에서 긴요한 분기점 역할을 담당할 것으로 예상된다. 그가 이번 시집에서 소중하게 탐색한 시 세계에는 다양한 사람들이 출현한다. 할아버지, 할머니, 아버지, 어머니, 아내,

아들, 딸, 아기 등 다양한 이름으로 불리는 사람들과 시적 화자 '나'가 만들어가는 드라마는 독자들에게 넓고 깊은 삶의 현장을 제공할 것이다.

   시인이 이 시집에서 구성한 시편 중에는 시간과 관련된 경우가 많다. 시집에는 봄, 여름, 겨울, 오십 구년, 오십 년, 8월, 새벽 등 다양한 유형의 시간이 제시되는데, 이와 같은 시간이 등장함으로써 송용배의 시는 더욱 구체적이고 감각적인 형상화를 성취할 수 있다. 이제부터 다양한 사람들이 특별한 시간 속에서 펼쳐가는 송용배의 시 세계 속으로 힘차게 진입해 보자.

2.

   이번 시집에는 송용배에 가까운 인물로서의 시적 화자 '나'가 자신의 인생을 회고하고 성찰하는 시들이 적지 않다. 가령 시인의 따뜻한 감성이 돋보이는 시 「국밥 한 그릇」이 이러한 유형에 속하는 실례가 될 수 있다.

     저녁 허기에 스며드는
     국밥 냄새

허리 굽은 주인장이
국물을 퍼 담는다

뜨거운 김이
신분증을 녹인다
흐릿한 생년월일

숟가락이 건져 올린 건
고기 한 점이 아니라
첫 입사 동기와 피우던 담배 냄새
첫 보너스로 산 아내의 화장품
야근길 지하철 손잡이의 무게

국물 속 파뿌리가
넥타이처럼 엉켜있다
삼십 년 매일 아침
목을 조여오던

주인장이 묻는다
더 드릴까요?
무엇을 더 줄 수 있을까
이미 텅 빈 사람에게

그릇 바닥에 비친 얼굴
모르는 사람이다
국밥 김에 흐려진
오십구 년의 안개 속

주린 건 배가 아니라
아직 가보지 못한 길
빈 달력을 채워갈 나이가
국물처럼 식어간다

오늘도
뜨겁게 한 그릇 말아먹는다
숟가락이 나를 뜬다
국밥이 나를 먹는다
　—「국밥 한 그릇」 전문

　이 시에서 "국밥 한 그릇"은 단순한 음식이 아닐 수 있다. 시적 화자 '나'는 참을 수 없는 "저녁 허기"에 이끌려 '국밥'을 먹는다. '나'의 허기는 "삼십 년" 동안 "매일 아침/ 목을 조여오던", "넥타이"와 무관하지 않다. '넥타이'는 직장 또는 회사에 성실하게 출근하는 '나'의 상황을 보여주는 도구이다. 삼십 년의 세월이 항상 좋을 수는 없었을 것이다. 때로는 지치고 때로는 힘든 나날을 견디며 '나'가 넥타이로 목을 조인 이유는 무엇일까? '나'에게는 가장(家長)으로서 '돈'을 벌어서 가족의 생계를 유지해야 하는 책임감이 있기 때문이다.

　송용배를 닮은 인물로서의 '나'는 "오십구년의

안개 속"을 헤매는 "텅 빈 사람"이다. 30년 동안 살아남기 위해서 직장에서 발버둥친 이가 60이라는 "나이"를 마주할 때, '나'는 스스로의 얼굴이 낯설다. 시인은 국밥 "그릇 바닥에 비친 얼굴"을, 자신의 얼굴을 "모르는 사람"으로서 인식한다. 현대 사회를 살아가는 다수의 사람들은 '텅 빈 사람'이자 '모르는 사람'일 수 있다. '나'에게도 '나'는 여전히 낯선 인물인 것이다.

  송용배가 이 시에서 독자들에게 제안하는 바는 "아직 가보지 못한 길"이다. 그것은 아마도 '시의 길'이자 '시인의 길'일 수 있다. 시인은 마지막 연에서 "숟가락이 나를 뜬다/ 국밥이 나를 먹는다"라고 이야기하는데, 이 대목에서 우리는 진정한 '나'를 위한 실천력과 새로운 길을 향한 희망을 발견한다.

    아버지 방문턱을
    가만히 넘어가
    어머니 비단신 하나 놓아둔다

    매화가지마다
    채 못한 말마디 몇 점 걸어두면

    진달래는 물음표
    개나리는 쉼표

목련은 말줄임표처럼 피어
봄빛이 밑줄 그은 꽃잎의 행간
읽지 못한 문장들
손 편지처럼 피어난다

어머니 약손이 지나간 자리마다
온점처럼 박힌 꽃씨들
미완성된
꽃신 자국들이
뒤뜰 끝까지 선명하다
당신들이 걸어온
모든 계절의 발자국처럼

"사랑합니다"
마침표 대신
쉼표 하나가
조용히 떨어진다
 —「봄의 구두점」 전문

 이 시의 제목에 주목해 보자. "봄의 구두점"이라는 작품의 제목에서, 독자들은 '자연'과 '언어'의 조화를 확인하게 된다. 송용배가 선택한 자연의 목록에는 "매화가지", "진달래", "개나리", "목련", "꽃잎", "꽃씨들" 등이 위치하고, 언어의 목록에는 "물음표", "쉼표", "말줄임표", "행간", "문장들", "손 편지", "마침표" 등이 자리한다.

곧 꽃과 식물로 구성되는 자연의 목록은 '봄'을 지향하고, 문장들과 함께 손 편지를 완성하는 문장 부호는 '구두점'으로 집중된다.

  '자연', '언어'와 함께 이 시의 핵심을 이루는 요소는 '인간'과 무관하지 않다. 시인이 선택한, 인간을 대표하는 인물들은 "아버지"와 "어머니"이다. '아버지'와 '어머니'라는 이름들이 탄생하기 위해서는 '자녀'가 필요하다. 아버지, 어머니, 자녀는 이상적인 '가족'을 구성하는 트라이앵글(triangle)이 될 수 있다. 송용배가 작품의 후반부에서 언급한 '사랑합니다'라는 표현은 가족을 구성하는 아버지, 어머니, 자녀 모두에게 적용되어야 하는 감동적인 삶의 모토(motto)일 것이다.

    식탁엔 사과가 놓여 있다
    아내는 한 알씩 내어놓으며 자신을 먼저 깎는다
    말없이 빙빙 돌아 나간다

    껍질은 늘 말이 없다
    아침부터 소리가 커지는 날이면
    딸은 껍질처럼 자신을 오므리고
    아들은 풋사과의 씨앗처럼 입을 다문다

    그런 날 아내는 사각사각

빗소리를 깎듯 사과를 깎았다
속이 다 드러날 때까지
베어낸 그 살결
깊숙이 삼킨 눈물이 맺혀 있다

한 줄 사과가 저녁을 물들인다
껍질은 바깥으로 밀려났지만
우리는 늘 그 껍질로 하루를 감싸 안는다

이따금 아내는 사과를 덜 깎는다
끝내 닿지 못한 말들이
껍질 안에 숨겨져 있기 때문이다
그러면 나는 껍질째 받아 삼킨다

그 맛 속엔 날마다 조금씩 깎여지는 내가 있고
깎여나간 자리에서
아내의 손길이, 사랑이, 씨앗처럼 익어간다
—「식탁엔 사과」 전문

"아내"는 이 시를 이끌어가는 주요 인물이다. '아내'는 시적 화자 '나'와 함께 부부(夫婦)로서 살아가고, 그들 사이에는 "딸"과 "아들"이 있다. 아내가 좋아하는 과일 중에는 '사과'가 있다. 그녀는 남편과 딸과 아들을 위해서 "식탁"에 사과를 "한 알씩 내어놓"는데, 놀랍게도 사과를 깎기 전에 "자신을 먼저 깎는다"

아내에게 사과를 깎는 일은 스스로를 깎는

일이기도 하다. 그녀는 때로는 "빗소리를 깎듯 사과를 깎았"고, 때로는 "사과를 덜 깎는다" 아내는 "속이 다 드러날 때까지", 사과를 깎아서 "살결"과 "껍질"과 "씨앗"을 생산했는데, 그 과정에서 그녀는 "끝내 닿지 못한 말들"과 "깊숙이 삼킨 눈물" 등을 보여주었다.

아내의 곁에서 남편, 딸, 아들 등의 가족은 "껍질째 받아 삼"키거나, "껍질처럼 자신을 오므리"거나, "씨앗처럼 입을 다"물었다. 아내가 제공하는 사과의 "맛" 속에서 '나'는 "조금씩 깎여"졌고, '나'는 "깎여나간 자리에"서 "아내의 손길" 또는 "사랑"을 깨닫는다. 결론적으로 이 시는 가족 구성원 사이에서 주고받는 '사랑'의 역학(力學)을 '사과'를 활용하여 매력적으로 전달하고 있다.

>생일초를 꽂았다
>절뚝절뚝 뿌리 내린
>요양원 창살 안에
>엄마 나이를 꽂았다
>
>자기 안에서 자기를 태워
>뜨겁게 자진하는 생의 한 귀퉁이
>촛농이 흐른다
>전생의 기억이 한 방울씩 떨어져 굳는다

달콤했을 연보랏빛 케이크
혀끝에서 재가 된다

―엄마, 나
―누 구 세 요

서랍을 당기듯 부르던 말
파편처럼 덜그럭거리는 말
우수수, 빠져나간다

어디로 가는가
등뼈는 접히고 또 접혀
누군가의 딸이었던 몸이
텅 빈 고치가 되어간다

창살 사이로 새어 들어온 햇빛이
그녀의 손등에 머문다
주름진 지도 위에 길을 잃은
내 이름의 흔적처럼

구름이 지나간다
창살에 걸려 찢어지며
그녀가 나를 낳던 날의 비명처럼
소리 없이 허공에 매달린다
―「창살 너머의 말」 전문

시인(詩人)은 누구보다도 "말"을 소중하게

다루는 사람일 테다. 송용배가 이 시에서 주목하는 '말'은 "창살 너머의 말"이다. 그는 이번 시에서 "요양원 창살 안에", 위치한 "엄마"에게 집중한다. "그녀"라는 이름으로 불리는 '엄마'는 시적 화자 '나'와 '창살'을 사이에 두고서 어떤 긴요한 '말'을 주고받는 것일까? 아들로서의 '나'가 '엄마'에게 "엄마, 나"라고 부르니, '엄마'는 '나'에게 "누 구 세 요"라고 응답한다. '나'는 '엄마'를 알고 있으나, '엄마'는 '나'를 모르는 상황이 펼쳐진다. 기억을 상실한 엄마를 마주하는 일은, 요양원 창살 속에서 "자기를 태워", "재"가 되어가는 그녀를 보는 일은 자식인 '나'에게 고통일 것이다.

그럼에도 불구하고, '나'는 엄마와의 소통을 쉽게 포기할 수 없다. "누군가의 딸이었던", 그녀의 "몸이/ 텅 빈 고치가 되어"가지만, '나'는 "파편처럼 덜그럭거리는 말"을 주워서 엄마에게 건넬 것이기 때문이다. 엄마가 "전생의 기억" 속에서 헤매다가 "내 이름"을 잊었을지도 모르지만, '나'는 "나를 낳"은 그녀를 포기할 수가 없다. 그런 이유에서 "창살 사이로 새어 들어온 햇빛이/ 그녀의 손등에 머"물고 있는 지금, 우리는 '창살 너머의 말'을 다시 시작해야 한다.

잇몸보다 더 부드럽게 오물거리는 할아버지 웃음소리와 짠내 밴 기침소리가 나지막한 햇살 속으로 걸어간다. 갯벌처럼 접혀진 등허리를 손끝으로 가만히 다독이는 할머니, 그 무릎 위에는 오십 년의 하루가 앉아 있다

(……)

이제는 안다. 물때란 지워지지 않는 것이 아니라 스스로 남겨둔 흔적임을 바닷가 돌에, 세월이 사람에게, 사랑이 영혼에 새겨놓은 오래된 약속임을 썰물 때 드러나는 갯벌의 물결무늬처럼, 우리가 살아온 모든 날들이 피부에, 눈가에, 서로를 부르는 목소리에 선명하게 남아 있다

저 멀리 수평선이 붉게 물들고, 할아버지와 할머니의 어깨에 놓인 머리카락 한 올을 쓸어 넘긴다 그 손길에도 물때가 묻어 있다. 짠내와 그리움과 오래된 다정함이 층층이 쌓인, 결코 씻겨 내려가지 않을 물때가
　　　　　—「물때」 부분

송용배의 이번 시집에는 다수의 사람들이 등장한다. 사람들의 목록에는 아버지, 어머니(엄마), 아들, 딸, 남편, 아내, 주인장(주인), 손님 등이 기록되어 있다. 시『물때』에는 새로운 사람들인 "할아버지와 할머니"가 등장한다.

'할아버지'와 '할머니'는 "바닷가"에서 "오십 년의 하루"를 살아가고 있다. 그와 그녀는 '부부'로서 '오십 년'이라는 긴 "세월"을 함께 생활하고 있다. 그들은 자신들에게 주어진 하루를 매일 새로운 날로서 긍정한다.

시인은 이 시의 제목으로서 "물때"를 선택하였다. '물때'는 '물'과 관련된 어떤 시간이나 사물을 의미한다. 곧 물때는 밀물이 들어오거나 썰물이 나가는 시간, 물에 섞여 있는 깨끗하지 못한 것에 의해 발생하는 때 등을 가리킬 수 있다. 송용배에 의하면 "물때란 지워지지 않는 것이 아니라 스스로 남겨둔 흔적"이고, "사랑이 영혼에 새겨놓은 오래된 약속"이다. 요컨대 '흔적'이자 '약속'으로서의 물때는, 이 시를 할아버지와 할머니가 연출하는 "그리움"과 "다정함"의 축제로서 완성한다.

> 해고 통지 받던 날
> 아버지는 화분 하나를 들고 오셨다
> 선인장은 물 안 줘도 산다며
> 멋쩍게 웃으셨다
>
> 일주일 뒤
> 베란다에 토마토 모종 세 개
> A4 용지에 손수 표를 그려

줄기마다 성적표를 달았다

오전 아홉 시 분무 세 번, 오후 두 식 햇빛 방향 조정
저녁 성장 수치 기록
오늘 성장률 2.3%라 적었다
그래프는 말없이도 상승 곡선을 그렸다

이제 스무 개의 화분이 줄지어
아버지 이력서를 읽는다

토마토 하나가 빨갛게 익었다
아버지는 그것을
그저 손바닥에 올려놓고
오래 들여다보다
가만히 한 입 베어 물었다

씨앗이 흘러내렸다
 ─「스무 개의 화분」 전문

  이 시에서 주목하는 인물은 "아버지"이다. '아버지'는 생(生)을 향한 의지가 강한 사람이다. 그는 "해고 통지 받던 날", "선인장"이 담긴 "화분 하나를 들고 오"면서 "멋쩍게 웃"을 수 있는 사람이기 때문이다. 아버지는 "물 안 줘도" 살 수 있는 강인한 선인장을 닮았다. 이후에도 그는 "토마토 모종"이 담긴 화분들을 가져와서

토마토의 "성장 수치" 또는 "성장률"을 담담하게 기록하였다. 다행스럽게도 "빨갛게 익"은 토마토의 성장률은 "상승 곡선을 그렸다"

아버지는 '해고 통지'라는 당황스러운 현실 앞에서도 새로운 출구를 찾기 위한 노력을 게을리 하지 않는다. "스무 개의 화분이 줄지어/ 아버지 이력서를 읽는" 상황은 퇴사, 퇴직의 충격에서 벗어나서 새로운 취업, 취직을 위해 도전하는 아버지의 노력을 입증하기 때문이다. 어쩌면 그는 '스무 개의 화분'에 어울리는 '스무 통의 이력서'를 준비했을 수 있다. 같은 맥락에서 독자들로서는 이 시의 마지막 시행(詩行)에 제시되는 "씨앗"을 '희망'이라는 이름으로 해석해도 좋을 것이다.

아버지

물돌 틈에서
탱탱한 물빛이 팔뚝처럼 튑니다
당신은 숨을 고르고
나는 등줄기 소금 냄새를 맡습니다

저 짙푸른 물소리
젊은 날 당신의 발자국 소리
아직도 씻겨 내려가는 중인가 봅니다

가르치지 않아도
물은 계속 내려가고

나도 자꾸 저녁 쪽으로 걸어갑니다

보세요, 아버지
노을이 내려앉은
8월의 여름산

저 능선 너머
닳아 희미해진 겨울산 하나
덧그려 놓고 싶습니다
—「여름산에 그리는 겨울」 전문

  시적 화자 '나'가 생각하고 그리워하는 인물은 "아버지"이다. '나'에게 '아버지'는 "당신"이라는 이름으로 규정될 수 있는 소중한 사람이다. '아들'로서의 '나'가 '아버지'로서의 '당신'을 생각하고 그리워하는 공간은 "8월의 여름산"이다. 여름의 정점에 위치한 산은 "물"과 견고하게 연결되는 장소이다. "물돌", "물빛", "물소리" 등 일련의 '물' 관련 표현은 한여름의 더위를 식혀준다.

  '여름산'에서 '나'가 떠올리는 '당신'은 "팔뚝", "등줄기", "발자국 소리" 등으로 구체화된다. '나'에게 '당신'은 건강미가 넘치고 가장으로서의 책임감이 강한 사나이일 수 있다. 쉼 없이 흐르는 물을 바라보며 '나'는 '아버지'가 있는 시간과 공간을 생각한다. '나'가 보기에 '아버지'는 "노을" 또는 "저녁"의 시간과 "겨울산"이라는 공간에 위치한다. 이 시를 읽는 독자들은 '한낮'의 시간과 '여름산'으로서의 공간에 머무르고 있는 '아들' 역시 언젠가 '아버지'의 길을 좇을 것임을 예감한다. 그렇게 한 세대의 전설은 다음 세대의 전설로 이어지게 될 테다.

> 엄마 품속에 웅크렸던 아기들
> 어린이집 문턱을 넘어
> 낯선 공간에 옹기종기 서로를 꺼낸다
>
> 장난감 쌓인 교실 한쪽
> 처음 맡는 크레파스 냄새
> 아기들은 색을 나눠 칠하면서
> 달콤하게 서로의 하루를 물들인다
>
> 얼마나 울고 다시 웃어야 익숙해질 수 있을까
>
> 갑자기 울음보가
> 풍선처럼 부풀어 오르면
> 여기저기 터지는 울음의 하모니
>
> 그러다 누군가 터뜨린
> 까르르 웃음 하나
> 눈물자리를 무지개로 바꿔낸다
>
> 가만히, 봄이 오고
> 가만히, 아기가 자란다
> ―「가만히 오는 봄」 전문

앞에서 점검한 시 「여름산에 그리는 겨울」에는 '여름'과 '겨울' 등의 계절이 등장하였다. 이번 시 「가만히 오는 봄」에는 또 다른 계절인 '봄'이 제시된다. 송용배가 자신의 작품들에서 다양한 계절을 지속적으로 소개하는 이유는 무엇일까? 아마도 그는 시간의 가능성과 힘을 신뢰하기 때문에, 인간의 인생에서 시간이 차지하는 중요성을 잘 알고 있기 때문에, 자신의 시편에서 다채로운 계절을 꾸준히 형상화하는 것일 수 있다.

시인은 이 시에서 "어린이집"의 "아기들"에 주목한다. '아기들'은 "울음"과 "웃음"을 반복함으로써 "눈물자리"와 "무지개" 사이에서 흔들리는 인생의 궤적을 보여준다. 작품의 마무리인 6연에서 송용배는 부사 "가만히"를 반복하는데, 이것은 "봄"의 탄생과 "아기"의 성장을 이끄는 열쇠가 된다. 겨울이 지나가면 '봄'이 자연스럽게 다가오듯이, '아기' 역시 자연스럽게 어른이 되고 노인이 될 수 있음을, 시인은 '가만히'의 활용을 통해서 입증한다. '가만히'에 담긴 자연스러운 순리로서의 시학이 이렇게 태어난다.

장미는 붉고 제비꽃은 파랗다
설탕은 달콤하고 당신은 아름답다
팔백만 번의 클릭이 말한다
이것이 시라고

기계는 순간에 천 개의 별을 찍는다
나는 새벽을 파서
한 점의 어둠을 건져 올린다

새벽 두 시
깨진 잠 사이로 흘러드는 것들
낡은 시계의 느린 초침
자판기 위에서 굳어가는
이름 없는 상처들
세상은 이제 이런 글씨를 읽지 못하고

조회수 영
좋아요 영
댓글 영의 시간들

그러나 누군가의 아버지인 내가
아무도 모르는 새벽에 쓴 한 줄이
세상의 끝에서 저 혼자 숨 쉬고 있다

시인은 존재의 오류다
지워지지 않으려는
한 줄의 떨림이다

나는 그 떨림 속에서
꿈틀거린다
―「지울 수 없는 새벽」 전문

  송용배가 이번 시에서 집중하는 시간은 "새벽"이다. '새벽'은 하루가 시작되는 특별한 시간일 수 있는데, 시인은 여기에 "지울 수 없는"이라는 강력한 수식어를 추가하여 작품의 제목을 완성한다. 그가 "지울 수 없는 새벽"에 추진한 일은 무엇인가? 이 시는 이와 같은 물음에 대한 대답을 찾는 과정이 될 수 있다.

  시적 화자 '나'는 "새벽 두 시"에 "시"를 쓰는 "시인"이다. '나'는 "글씨"를 적고 "한 줄"을 쓴다. '나'는 "조회수 영/ 좋아요 영/ 댓글 영의 시간들"을 견디며 "한 점의 어둠을 건져 올"리는데, 그러한 인내의 시간은 '나'에게 "한 줄의 떨림"으로서 작용한다. '떨림'으로서의 '시'를 한 줄 쓰는 '시인'인 '나'는 존재의 가치와 가능성을 확산한다. 곧 꿈틀거리는 존재로서의 '나'는 "존재의 오류"가 '존재의 의미'가 되는 방법으로서의 떨림을 "아무도 모르"게 전개한다.

눈발이 관 위에 쌓인다

새들도 숨을 묻었다
발 끝에 채이는 도토리 하나
떠난 이의 주머니에서 굴러나온
이별은
숨소리마저 파묻는 일
한 생의 온기를 통째로 덮고
혼자 돌아서는 일
하얗게 부서지는 날갯짓
눈발도 제 무덤을 판다
봄이 오면
도토리가 관을 뚫고 오른다
저 깊은 곳에서
참나무가 된다
  ―「하관」 전문

 이 시의 제목이기도 한 "하관"은 시체를 묻을 때에 관을 구덩이에 내리는 행위이다. 송용배는 '하관'의 분위기를 극적으로 조성하려고 "눈발"을 "관 위에 쌓"았고, "새들"을 불러들여서 "하얗게 부서지는 날갯짓"을 전개한다. "떠난 이"와의 "이별"은 "한 생의 온기를 통째로 덮고/ 혼자 돌아서는 일"이지만, 시인은 가늠하기 힘든 '이별'의 슬픔을 하얀 색채의 눈발로 포근하게 감싸고 있다.

영원히 계속될 것만 같은 겨울이 끝나고 "봄이 오면/ 도토리가 관을 뚫고 오"르고, "저 깊은 곳에서/ 참나무가 된다" 송용배에 의하면 '하관'은 절망의 행위로서 마무리되지 않는다. 그것은 역동적인 상상과 감각적인 환상으로 충만하며 미래를 향한 희망을 지향한다. 이 시를 읽는 독자들은 겨울을 지나서 봄으로 향하는 길 위에서, "무덤"을 뚫고 피어오르는 한 그루의 "참나무"를 목도하고 스스로 봄 나무가 될 수 있을 것이다.

3.

송용배의 시집을 차근차근 살피었다. 그의 시들에는 다정한 사람들이 지속적으로 출현하였다. 아버지, 어머니, 아내, 아들, 딸 등 시인에게는 가족의 범주에 속하는 다정한 사람들이 있고, 시인과 가족의 소중한 만남은 "사랑"의 "씨앗"이 되어서 넓고 깊게 확산된다.

아이스킬로스(Aeschylus)에 의하면 "작은 씨앗에서 거대한 줄기가 자랄 수 있다(From a small seed a mighty trunk may grow.)" '씨앗'에 관한 아이스킬로스의 언급에

동의한다면, 우리는 송용배의 '씨앗' 관련 시편(「식탁엔 사과」, 「스무 개의 화분」 등)을 더욱 큰 확신으로서 수용할 수 있다. 곧 작은 크기의 씨앗에서 커다란 줄기가 자라나듯이, 긍정의 기운이 가득한 시인의 시도 무럭무럭 클 것이다.

또한 송용배는 "말"과 "문장"과 "구두점"과 "시"에 충실한 진정한 시인(詩人)이다. 「봄의 구두점」, 「지울 수 없는 새벽」 등의 시편을 통해서 구체화되는 시인의 시 세계는 독자들에게 강렬한 감동의 물결을 제공할 수 있다. 그는 아름다움과 사랑의 결정체로서의 시를 감각적으로 형상화한다. 송용배의 시가 지향하는 앞으로의 행보가 더욱 궁금한 이유가 바로 여기에 있다.